Marie de Hennezel

16 juin 2004

L'intégrale des entretiens
NOMS DE DIEUX
d'Edmond Blattchen

Marie de Hennezel

Croître jusqu'au dernier moment

Chère Dominique,
que le message t'encourage à avancer
encore et toujours...
bisous affectueux
Brigitte

Ce texte est la transcription de l'émission NOMS DE DIEUX
d'Edmond Blattchen enregistrée le 9 janvier 2001 et diffusée
le 9 février 2001 sur les ondes de la Radio Télévision belge,
augmentée de la bibliographie mise à jour de l'auteur.
Les titres sont de l'éditeur.
L'émission NOMS DE DIEUX, produite et présentée
par Edmond Blattchen, est une réalisation
du Centre de production de Liège de la RTBF.
L'éditeur remercie tous ceux qui ont rendu possible
la publication de cet ouvrage, en particulier
Marie de Hennezel, Edmond Blattchen,
Jean-Marie Libon, Jacques Dochamps et l'équipe de l'émission,
Mamine Pirotte, directeur du Centre de production de Liège
de la RTBF et « les Amis de la RTBF Liège ».
L'édition et les notes du présent ouvrage sont de
François-Xavier Nève de Mévergnies et Edmond Blattchen.
Coordination éditoriale : Laurence Waterkeyn.
L'enregistrement de cette émission sur cassette VHS,
éditée par RTBF Vidéo, est disponible à la Médiathèque de la
Communauté française de Belgique (référence 5680).

Crédits photographiques :
portrait de Marie de Hennezel : © John Foley/Opale,
l'image : © Archives ; le symbole : © Archives ;
Danièle (p. 75) : © coll. privée de l'auteur.

© 2001 Alice Éditions, Bruxelles, et RTBF Liège.
Dépôt légal : D/2001/7641/20
ISBN 2-930182-61-X
Imprimé en Belgique.
Diffusion exclusive :
Altéra Diffusion, Bruxelles, Belgique.
Diffusion exclusive pour la France et le Canada :
Éditions Desclée de Brouwer, Paris.
Diffusion exclusive pour la Suisse :
OLF, Fribourg.

Toute reproduction d'un extrait quelconque de ce livre,
par quelque procédé que ce soit, et notamment
par photocopie, microfilm ou support numérique
ou digital, est strictement interdite.

*« Je pense que la tâche
du prochain siècle,
en face de la plus terrible menace
qu'ait connue l'humanité,
va être d'y réintégrer les dieux. »*

André Malraux

Sommaire

Marie de Hennezel, bonjour
par Edmond Blattchen *11*

Le titre
Nom de Dieu ? *19*

L'image
Cet au-delà qui est au-dedans *31*

La phrase
Écouter et prendre acte *43*

Le symbole
Le sourire du mourant *55*

Le pari
**Accueillir ces invités
qui ne savent pas partir** *69*

Notes *81*
Bibliographie *87*

Marie de Hennezel.

Marie de Hennezel, bonjour

par Edmond Blattchen

EDMOND BLATTCHEN. — *Madame, Mademoiselle, Monsieur, bonjour.*

« ... Je voudrais qu'à cet âge,
» On sortît de la vie ainsi que d'un banquet :
» Remerciant son hôte et qu'on fît son paquet. »

Qui mieux que Jean de La Fontaine pouvait nous inspirer l'introduction à cet entretien ?

C'est qu'après dix ans maintenant passés à nous interroger, avec nos invités et avec vous, sur le sens de la vie, nous sommes décidés — il n'est jamais trop tard, n'est-ce pas ? — à nous pencher sur le sens de la mort. À moins qu'à bien y réfléchir, il ne s'agisse en réalité, comme en conviennent la plu-

part des philosophes, que d'une seule et même question. Loin de nous l'intention d'intervenir dans le débat sur la dépénalisation de l'euthanasie. Mais ce débat éminemment politique se double d'un débat éthique. Et ce débat-là nous concerne tous, en notre âme et conscience.

Aujourd'hui, nous recevons l'une des voix qui prennent part à ce débat. Marie de Hennezel, bonjour.

MARIE DE HENNEZEL. — Bonjour.

Psychologue, psychothérapeute, vous avez travaillé pendant une dizaine d'années au sein d'une équipe de soins palliatifs — la première du genre en Europe continentale — à l'institut mutualiste Montsouris à Paris. Aujourd'hui, vous donnez de nombreuses conférences et vous participez à des séminaires de formation à l'accompagnement de la fin de la vie, tant en France qu'à l'étranger.

Une réputation que vous devez notamment au succès de votre livre La mort intime *paru en 1995 et préfacé par François Mitterrand, pour qui « ce livre est une leçon de vie. La lumière qu'il dispense est plus intense que bien des traités de sagesse ». Depuis, vous n'avez cessé, livre après livre, de nous faire profiter de votre expérience de l'accompagnement des mourants. Citons ainsi* L'amour ultime, *en collaboration avec votre amie et consœur québécoise Johanne de Montigny,* L'art de mourir, *en dialogue avec un de nos anciens invités, Jean-Yves Leloup*[1], *prêtre et théologien orthodoxe,* L'urgence d'aimer *à l'usage de celles et ceux qui sont confrontés à l'accompagnement d'un proche et, plus récemment,* Nous ne nous sommes pas dit au revoir *dont le sous-titre précise l'objet : la dimension humaine du débat sur l'euthanasie.*

Pour être complet, signalons encore que, revenant ainsi à votre premier métier, la traduction, vous avez traduit en 1998 un livre bouleversant, qui s'est vendu à plus d'un million d'exemplaires aux États-Unis : La dernière leçon. *C'est le récit d'un grand journaliste sportif américain, Mitch Albom, qui livre la dernière leçon d'un de ses anciens professeurs, condamné par une terrible maladie. Une leçon à la fois d'humilité, de vie et d'amour, qui nous invite tout simplement « à prendre la vieillesse à bras le corps, car vieillir n'est pas seulement se détériorer, c'est croître ». Un ouvrage, on le comprend, que vous avez tenu à préfacer. Il confirme votre conviction que — ce sont vos propres termes — « lorsque l'on est en paix avec sa vie, qu'on a misé sur l'amour, ce n'est pas une affaire de mourir ».*

Une conviction qui constitue pour vous un acte de foi.

LE TITRE

Nom de Dieu ?

EDMOND BLATTCHEN. — *Marie de Hennezel, pourquoi ce point d'interrogation ?*

MARIE DE HENNEZEL. — Le nom de Dieu, vous l'avez peut-être remarqué, dans mes écrits, je l'évite.

Oui. Pourquoi ?

Il est source de malentendus. Quand on me demande si je crois en Dieu, je me demande toujours : en quel Dieu ? Est-ce le Dieu-Pharaon qui manigance tout, qui dirige nos vies, qui distribue des récompenses ou des châtiments ? Ce Dieu-là, je n'y crois pas. C'est clair. Est-ce qu'il s'agit du Dieu intérieur ? Du

Dieu dont Etty Hillesum dit qu'il est « la part la plus profonde de moi, ce que j'ai de plus intime[2] » ? Ou de ce que Maurice Zundel appelle « la musique intérieure, la musique silencieuse » ? Ce Dieu-là, oui, j'y crois. J'ai voulu par ce point d'interrogation marquer un peu mon malaise quand on emploie ce nom. Et aussi dire que *Dieu*, voilà un mot que j'ai toujours évité dans mon dialogue avec des personnes qui allaient mourir, sauf bien sûr si ces personnes l'utilisaient elles-mêmes ; alors, je leur demandais ce qu'elles entendaient par là.

Si la personne proche de la mort vous demande de prier avec elle, est-ce que vous l'accompagnez dans sa prière ?

Oui, puisqu'elle me le demande. La prière a un sens pour moi.

C'est rentrer dans la crypte intérieure. C'est se mettre en contact avec ce mystère, cette présence silencieuse. Et par là même se mettre en contact avec tous ceux qui, dans le monde, prient.

Tous sont alors reliés les uns aux autres. Et si quelqu'un me demande de prier, de prier avec lui, le plus important est l'*avec*. Je fais alors quelque chose avec lui. Si quelqu'un me demande de fumer une cigarette avec lui, je le fais aussi. Ce qui est important, c'est de faire ensemble ce qu'on me propose.

Cela vous est arrivé ?

Bien sûr ! Et c'est important de partager quelque chose ! Prier avec quelqu'un qui va mourir, c'est me mettre, avec lui, en résonance avec cette vibration qui habite le monde.

Donc vous priez auprès d'un mourant si la personne vous le demande ; sinon, non.
Vous avez relaté l'accompagnement d'une mourante bouddhiste qui avait préféré aux antalgiques la récitation de « om », la « syllabe sacrée » aoum[3], la fameuse incantation des Orientaux. Vous dites que tout le Service avait accompagné cette personne dans

sa volonté, d'une part, de ne pas être secourue chimiquement mais, d'autre part, d'entendre cette récitation rituelle tout autour d'elle.

C'était prenant, d'ailleurs. C'était presque comme une plainte, une sorte de mélopée. Les infirmières se relayaient pour chanter « ôôômmm… » avec elle. C'était aussi une façon d'être avec ce qui a un sens pour l'autre.

« Être avec », pour vous, est la définition de la vraie compassion.

Oui.

Que vous opposez à la « pitié dangereuse », allusion au roman de Stefan Zweig[4].

Oui. Dans la pitié, il y a un regard qui réduit l'autre à sa déchéance, au sordide auquel il est confronté. Tandis que dans la compassion on peut certes reconnaître la misère de l'autre mais on ne l'y réduit pas.

Être avec lui dans cette expérience de la souffrance, en étant relié à ce qui ne se réduit pas au sordide, à ce qui reste intact chez l'autre. Malgré la souffrance. Cela, c'est la compassion.

Vous assistez aussi, notamment autour de l'accompagnement des malades du sida, à l'émergence d'un rite laïque humaniste ; vous dites : transreligieux *; c'est-à-dire ?*

Avec l'apparition de l'épidémie du sida, on a vu émerger des rites de deuil, par exemple le *patchwork du nom* : un rite désormais répandu de par le monde. On brode des morceaux de tissus en souvenir de ceux qui sont morts.

Il y a aussi ces rituels de deuil de certaines associations. On se réunit pour évoquer la mémoire de ceux qui sont partis ; pour allumer une bougie ; pour dire chacun une parole ; pour pleurer ensemble : pour mettre du sens sur cette expérience de souffrance et de perte.

Diriez-vous que le rituel de deuil est le prolongement naturel de l'accompagnement des mourants ?

Oui. L'accompagnement est un rite aussi. J'aime beaucoup l'expression de Louis-Vincent Thomas[5], qui dit que c'est un rite *d'oblation,* c'est-à-dire d'offrande.

L'accompagnement effectivement se continue dans les rituels de deuil. La fonction du rite du deuil est à l'évidence de donner du sens à la vie de celui qui vient de partir, pour ceux qui restent ; celui de l'accompagnement, je crois, est une tentative de donner du sens à ce temps qui précède la mort, pour celui qui va partir.

Revenons à votre conception de Dieu. Vous évoquiez tout à l'heure Maurice Zundel, prêtre, théologien et mystique suisse, considéré dans les années 1920-1930 comme un peu sulfureux par le Vatican, qui a écrit sur l'expérience de la mort. Il a dit des choses qui vous ont beaucoup touchée, notamment une chose à laquelle vous êtes extrêmement sensible : « L'au-delà est… ?

… Au-dedans. » *L'au-delà* n'est pas au-delà dans le Temps mais au-dedans de chacun de nous. Nous sommes tous appelés à découvrir cet *au-delà qui est au-dedans,* de notre vivant.

C'est dans ce sens aussi que j'aime ce que dit de la résurrection Jean-Yves Leloup. *La résurrection n'est pas après la mort, c'est ici et maintenant* ; c'est aujourd'hui : c'est la capacité de se dépasser, de rencontrer la vie déjà là à l'intérieur de notre vie : la vie éternelle.

Dans cet ouvrage À l'écoute du silence, *qui reprend son texte sur l'expérience de la mort, Maurice Zundel dit : « Le vrai problème n'est pas de savoir si nous serons vivants après la mort mais bien si nous sommes vivants avant la mort. »*

Il ajoute : « Nous avons le sentiment de n'être pas seulement une chose au milieu du monde » — *comme disait Sartre, en désignant « le corps-objet*[6] *». Et cela, pour vous, est extrêmement important : la mort en « sujet ».*

Oui, être sujet de sa mort… et peut-être aussi en faire l'expérience dans les derniers moments, surtout si ces derniers moments sont marqués par la dégradation physique, ce qui arrive dans certaines maladies.

Pouvoir sentir qu'on ne se réduit pas à ce corps en train de se détériorer. La personne est bien au-delà : la personne humaine dépasse largement le corps physique.

C'est ce que saint Paul avait déjà dit, je pense.

Bien sûr. « Tandis que notre *homme extérieur* s'en va en ruine, notre homme intérieur se renouvelle de jour en jour[7]. » Cette phrase est théologique, chez lui ; mais moi j'en ai été témoin dans le quotidien de l'accompagnement des personnes en fin de vie.

Alors que leur corps physique se dégrade, ces personnes peuvent croître, leur être intérieur peut effectivement continuer à grandir.

Une personne seule traversant un espace pavé.

L'IMAGE

*Cet au-delà
qui est au-dedans*

EDMOND BLATTCHEN. — *Cette photo, Marie de Hennezel, qu'évoque-t-elle pour vous ?*

MARIE DE HENNEZEL — La solitude. Je l'ai choisie parce que la plus grande peur de la plupart des personnes lorsqu'elles pensent à leur mort, ou à l'approche de leur mort — en dehors de la peur de la souffrance physique — est la peur de la solitude, de l'abandon. Cette peur est fondée sur quelque chose de réel. Il y a beaucoup de solitude et de sentiment d'abandon chez les personnes qui vont mourir.

Votre nouveau livre Nous ne nous sommes pas dit au revoir *commence par une histoire de solitude. La solitude d'un médecin...*

D'un médecin dont la femme est atteinte d'un cancer depuis des années. Elle s'est beaucoup battue, mais elle a des souffrances intolérables, difficilement soulageables. Il faut dire aussi qu'il y a une dizaine d'années, les soins palliatifs n'avaient pas fait les progrès que nous connaissons aujourd'hui. Cette femme réclame qu'on mette fin à ses souffrances.

Et cet homme, ce médecin, seul, épuisé, finit par décider de l'euthanasier. Tel jour, telle heure, avec l'aide d'une infirmière à domicile... — et il me l'a dit : s'il ne s'était pas senti aussi *seul*, aussi *épuisé*, peut-être qu'il n'aurait pas fini par prendre cette décision.

J'ai évoqué cette histoire au début du livre pour montrer que souvent, dans ces demandes d'euthanasie, la solitude, que ce soit chez le patient ou dans la famille, est finalement le vrai motif pour lequel on demande d'en finir.

Votre livre ne développe pas une thèse « à sens unique » par rapport à l'euthanasie. Vous êtes nuancée. Mais une chose est sûre : vous dites non *à ce que vous appelez « la mort volée ». Qu'est-ce que la mort volée ?*

La mort volée est celle qui est administrée à l'insu des personnes malades par des soignants ou des médecins qui ne savent plus comment soulager les douleurs, ou bien parce qu'un patient pèse trop lourd sur une équipe, ou encore parce que les familles aussi trouvent qu'elles n'en peuvent plus et demandent, voire réclament, l'euthanasie — mais le patient, lui, n'a rien demandé.

Ces situations existent malheureusement. Elles sont même plus fréquentes qu'on ne l'imagine. Elles sont le signe d'une incompétence à la fois médicale et relationnelle : une impossibilité de communiquer.

L'argument de ceux qui sont favorables à la dépénalisation, du moins partielle, de l'euthanasie est le sui-

vant : « Une fois qu'il y aura une loi, cela ne se passera plus. »

On pourrait l'espérer, mais je n'en suis pas sûre. Je n'en suis pas sûre parce que si les médecins étaient véritablement compétents dans le traitement de la douleur, et s'ils savaient communiquer avec leur patient — mais ce n'est pas encore le cas…

… Parce qu'ils sont médecins ou parce qu'ils ne sont pas formés à cela ?

Parce qu'ils ne sont pas formés à cela, bien sûr. Les médecins — en tout cas en France on le reconnaît de plus en plus — ne sont pas encore suffisamment formés au soulagement de la douleur. Et beaucoup ne savent pas communiquer. Ils n'ont pas appris dans leurs études à communiquer avec des patients au cours de leur maladie et encore moins lorsqu'ils sont face à la mort.

Il y a là un chantier de formation maintenant ouvert.

Pour vous, l'euthanasie — la véritable euthanasie, directe, volontaire[8] *— est-elle justifiable dans certains cas ?*

Il faut distinguer les situations. Vous avez des patients qui disent : « Finissons-en. » Je crois qu'il faut d'abord décoder ce *finissons-en*. Qu'est-ce que ça veut dire ? Est-ce que cela veut dire : « Finissons-en avec la douleur, avec la solitude, avec le sentiment d'être un poids pour la société » ?

Ou est-ce que ça veut dire : « Finissons-en avec la vie » ? Trop souvent, on interprète le *finissons-en* comme « finissons-en avec la vie ».

Notre devoir est d'abord de décoder cette demande. Cela exige du temps, de la disponibilité, une écoute... toutes choses plus difficiles que d'injecter au patient un cocktail de produits qui vont précipiter sa mort.

La plupart de vos livres témoignent que derrière le finissons-en *il y a en effet toutes sortes de choses...*

Cette phrase — ou toute autre qui paraît dire la même chose — est une tentative de communication. Il y a toujours autre chose derrière.

Il y a un tout petit nombre de cas, exceptionnels, de personnes qui demandent *vraiment* la mort pour des raisons philosophiques existentielles.

À ceux-là, il faut la leur refuser ?

Je ne peux pas répondre à cette question. Parce que c'est une question à laquelle *chacun* est confronté en son âme et conscience. Des équipes peuvent être confrontées à cette demande et peuvent être amenées à soulager la souffrance en donnant la mort.

C'est le cas d'un médecin que vous citez dans votre livre, et à qui il est arrivé, dans des circonstances exceptionnelles, de pratiquer ce qui ressemble à une euthanasie.

Ce sont des arrêts de vie pour des personnes qui sont atteintes de la maladie de Charcot, qui ont été trachéotomisées et qui, six mois après, disent au médecin : « Je ne peux plus vivre comme cela. »

En deux mots, qu'est-ce que « la maladie de Charcot » ?

C'est la sclérose latérale amyotrophique, une maladie où la paralysie vous immobilise progressivement. Il arrive un moment où il faut faire un choix : « Est-ce qu'on met la personne sous respiration artificielle, ou est-ce qu'on laisse la mort arriver puisque les poumons sont bloqués ? »

Par étouffement, alors ?

Pas nécessairement, justement, pas nécessairement !
Beaucoup de personnes meurent en s'arrêtant de respirer tout simplement par une embolie pulmonaire, qui n'est pas douloureuse. Mais la crainte de l'étouffement est très présente chez ces malades[9].

Dans le cas de la maladie de Charcot, je connais un professeur qui dit toujours : « Je ne vous laisserai pas étouffer. Je ferai ce qu'il faut si les signes d'étouffements arrivent. »

Pour vous une chose est claire : l'éthique *est préférable à* la loi.

Je le pense. Prendre l'habitude de parler ensemble de toutes ces situations difficiles, prendre quelquefois des décisions qui peuvent être *illégales et légitimes* — parce que quelque chose peut-être légitime et pourtant illégal — mais vraiment en parler, évaluer ensemble la situation, voir si on a *tout* fait, voilà le mieux.

Est-ce qu'on a vraiment essayé de répondre à cette souffrance par d'autres moyens ? Cela me semble bien préférable à une loi qui, comme toutes les lois, va trancher de façon peut-être manichéenne.

C'est ce que dit notamment, dans un chapitre de votre livre, l'ancien Garde des Sceaux Robert Badinter.

Oui, Badinter est contre. Il est contre la légalisation de l'euthanasie parce qu'il dit que l'euthanasie touche des questions bien trop personnelles, bien trop intimes pour la loi : elles doivent être résolues dans le colloque singulier entre le patient et son médecin ou avec une équipe, dans le cadre d'une réflexion éthique.

> *C'est à Robert Badinter que la France doit l'abolition de la peine de mort. C'est un humaniste laïque ; c'est un homme de gauche. C'est quelqu'un qui a des convictions très « progressistes ». Or, ici, il se montre circonspect et nuancé [10]...*

Oui. Il me disait aussi : « Qui le fera ? » et « Dans quel cadre le fera-t-on ? » On voit bien que derrière ces questions il redoute quelque chose qui pourrait dépasser l'intention même du législateur [11].

LA PHRASE

Écouter et prendre acte

> « *Si l'homme, parfois, ne fermait pas* souverainement *les yeux, il finirait par ne plus voir ce qui vaut d'être regardé.* »
>
> René Char.

EDMOND BLATTCHEN. — *Marie de Hennezel, on parle fatalement beaucoup d'accompagnement des mourants dans cet entretien.*

Or voilà une phrase qui, je crois, vous accompagne partout…

MARIE DE HENNEZEL. — Oui. J'ai vu beaucoup de personnes « fermer souverainement les yeux ». Et je dois dire que cette expérience m'a, au fil du temps, aidée à mieux voir ce qui est important dans la vie ; à mieux voir l'essentiel.

C'est pour ça que j'aime beaucoup cette phrase. La conscience qu'un jour nous ne serons plus là, qu'un jour nous partirons, que la vie nous est donnée pour un temps limité, nous oblige a la considérer comme précieuse et à nous poser les vraies questions : « Qu'est-ce que je fais de ma vie ? », « Qu'est-ce qui est essentiel pour moi ? », « Est-ce que je suis en accord avec ma vie ? »

Il y a aussi cette image amérindienne que j'aime beaucoup. Un oiseau se pose chaque matin sur votre épaule gauche et vous demande : « Et si c'était pour aujourd'hui ? Est-ce que tu es en accord avec toi ? Qu'est-ce qui est essentiel pour toi aujourd'hui ? »

Vivre avec la conscience de la mort vous met dans le lit profond de la vie.

Je pense aussi à la Règle de saint Benoît.

Oui, la *Règle de saint Benoît* comprend le « Memento mori » : « Souviens-toi que tu mourras[12]. » Les bouddhistes aussi disent que la mort est comme un miroir, qu'elle nous renvoie constamment à notre vie.

J'avais fait une enquête auprès des soignants en soins palliatifs, et tous me disaient que la confrontation quotidienne avec la mort de l'autre les aidait à vivre.

C'est dans ce sens-là que vous dites que les mourants sont vos maîtres ?

Oui. Ils nous obligent à nous poser la question : « Enfin, moi aussi, un jour, je serai à cette place-là. Que fais-je de ma vie ? »

Les mourants sont aussi nos maîtres dans la mesure où ils nous enseignent la manière dont l'être humain approche la mort. J'ai vécu de nombreux cas qui, j'espère, le jour venu, m'aideront. J'espère me souvenir de leurs leçons.

Dans tous vos livres, vous nous invitez à une conversion du regard. Dans une vidéo-confession réalisée par Jean-Jacques Roudier, Un regard ouvert, *vous dites qu'il faut admirer : c'est en admirant la personne que vous accompagnez à passer sur l'autre rive, que se réalise, dites-vous, le miracle de la conversion du regard.*

Vous livrez de nombreuses expériences dans lesquelles des personnes sont arrivées dans votre service en se considérant presque comme des déchets, et se sont « redressées » grâce au regard que vous posiez sur elles. Vous citez notamment le cas d'une mère qui débarque un jour dans votre service avec sa fille qui souffre d'une tumeur au cerveau, et dit : « Écoutez : c'est un légume, ce n'est plus ma fille ! » Que se passe-t-il ensuite ?

Cette fille était consciente de l'image qu'elle donnait. Elle se rendait compte de son état. Elle disait même : « Je suis un monstre, je suis un monstre ! » Mais dans son contact avec les soignants, avec les autres, on sentait à quel point elle cherchait une confirmation affective. Et cette confirmation affective, elle l'a reçue. Parce que les soignants étaient attentifs à la regarder *comme une personne*, et pas comme le déchet humain qu'elle avait l'impression d'être devenue.

Et, peu à peu, sa mère aussi, au contact des soignants, a su regarder sa fille autrement, et l'approcher, alors qu'elle lui tournait le dos souvent lorsqu'elles regardaient la télévision ; sa fille était là, comme absente. Elle a pu revenir à elle et lui donner des soins, parce qu'elle la regardait *autrement*. Sa fille avait besoin de ce regard.

Si je vous comprends bien, accompagner — *plutôt que* faire quelque chose — *c'est d'abord* être là *?*

Être là, regarder l'autre avec respect ; avec amour, avec tendresse. C'est cela la dignité humaine qu'attendent les mourants lorsque tout est délabré.

Être là... comme on est là maintenant ? Qu'est-ce qui différencie l'accompagnement d'un mourant de l'accompagnement d'un vivant ?

Le mourant est vivant !

Alors, l'important, pour vous, c'est d'être vrai.
  Vous racontez par ailleurs l'histoire bouleversante d'une jeune femme qui entre dans votre service de soins palliatifs. Elle a une quarantaine d'années, elle se croit guérissable. Elle se trompe. Très inquiète, elle se tourne vers une infirmière et lui pose la question : « Est-ce que je vais mourir ? » Que lui répond l'infirmière ?

L'infirmière, qui travaille pourtant en soins palliatifs depuis longtemps, est prise de court. Elle ne sait plus quoi dire ; ni quoi faire. Elle se sent comme aspirée au fond d'un trou ; elle sent des larmes lui monter aux yeux.

Et elle reste là dans le contact, le contact visuel, le contact tactile — elles se tiennent la main, elle ne la lâche surtout pas — et quelques secondes passent, qui sont des secondes extrêmement importantes, des secondes de communion. Entre deux personnes qui sont aux prises avec un sentiment d'impuissance : l'impuissance de celle qui est devant sa propre mort, et l'impuissance de la soignante qui ne peut rien empêcher.

Ces quelques secondes de *vérité* permettent à la patiente de dire alors à l'infirmière : « Écoute, je te remercie. J'ai compris. »

C'est extraordinaire !

La vérité a, au fond, permis à la malade d'entendre la réponse qu'elle avait besoin d'entendre, intérieure. Et elle lui a permis de sentir qu'elle avait aussi la force de faire face à sa mort.

Et, à l'inverse, vous racontez le dialogue impossible d'une mère qui va mourir et de sa fille qui lui dit : « Mais non, maman ! pas du tout ! Enfin, qu'est-ce que tu racontes ? ! »

Alors, vous intervenez. La fille sort ; et entre la possibilité d'un autre regard, là aussi.

Et surtout la possibilité de ne pas évacuer ce mot, *mourir*, qui revenait dans les cris de cette femme. Elle le disait ! Le mot revenait souvent sur ses lèvres.

Quand elle a dit : « Je vais mourir », je n'ai pas évacué cette parole, j'en ai pris acte. Tout doucement, je lui ai fait comprendre : « Oui, tu vas mourir, mais nous sommes là. Tu ne seras pas seule. »

Cela s'apprend, de « révéler » cette chose terrible ?

Ce n'est pas *révéler*, car au fond l'autre le sait, et le dit. C'est écouter, prendre acte. Et surtout s'engager à ne pas abandonner. Parce que, très souvent, les personnes n'osent pas dire qu'elles vont mourir parce qu'elles ont peur qu'on les abandonne.

Elles craignent que cette seule parole, ce seul mot fasse peur aux soignants, peur au médecin... et qu'il n'y ait plus personne. Ce dont elles ont besoin, c'est de cet engagement : « Je serai jusqu'au bout avec toi. Et le fait que tu meures ne me fait pas peur, c'est ton destin. »

> *Votre livre constitue ainsi un recueil de moments très émouvants. Par exemple, le geste de cette jeune toxicomane qui va mourir, victime d'un cancer généralisé : au moment de quitter ce monde, elle prend la position de l'enfantement...*

D'une femme qui accouche, oui. Et elle dit : « Je vais mourir. » On sent qu'elle se prépare à un acte. C'est la seule fois que j'ai vu vraiment, en acte, cette parole de Michel de M'Uzan, qui dit que le travail du trépas est une tentative de « se mettre complètement au monde avant de disparaître [13] ».

J'ai eu cette impression effectivement qu'*elle se mettait au monde en mourant.*

L'ange de la cathédrale de Reims.

LE SYMBOLE

Le sourire du mourant

EDMOND BLATTCHEN. — *Marie de Hennezel, je me pose une question. Vous avez passé une partie de votre enfance à l'ombre d'une cathédrale, la cathédrale de Bourges.*

Cet ange veillerait-il la cathédrale de Bourges ?

MARIE DE HENNEZEL. — Non, c'est l'ange de Reims. L'ange de Reims qui est célèbre par son sourire, et c'est un sourire mystérieux. Je l'ai choisi parce que l'ange est *l'accompagnant* par excellence. Lui qui nous accompagne sait ce que nous ne voyons pas, l'invisible. Il est le médiateur entre la Terre et le Ciel.

Et je me suis aperçue que beaucoup de personnes croient aux anges. La figure de l'ange est très présente chez de nombreuses personnes qui vont mourir. N'est-ce pas normal puisqu'il est l'accompagnant, le médiateur, le protecteur ou la protectrice... et je pense que nous sommes aussi les uns pour les autres des anges...

Vous parlez pour vous, là, Marie de Hennezel !

Non, pas du tout ! Je crois que toute personne qui accompagne, qui s'assoit auprès d'un mourant, qui lui tient la main et qui lui donne la seule chose qu'elle peut donner — sa présence et sa confiance en ce qu'il ne voit pas, ce qu'il ne sait pas : une sorte de confiance dans le déroulement des choses — est un ange.

Beaucoup de malades témoignent de cettee présence qui les aide, qui les accompagne, qui les protège.

Vous avez été l'ange gardien de François Mitterrand ?

Je l'espère.

> *L'ange est aussi parfois celui qui va s'effacer. Je pense à ce jeune Vietnamien que vous avez rencontré dans le « Soins sida » de votre unité de soins palliatifs. Il y était plus malheureux que Job, qui avait vécu l'enfer des enfers ; il vous a raconté comment il avait échappé aux* boat people[14]*, comment il avait survécu à la torture, à une dizaine de reprises, avant d'arriver en France où il a finalement échoué chez vous parce qu'il était atteint du sida.*
>
> *Cette rencontre vous a ébranlée au point que vous en avez conçu un rêve. Mais — dites-vous dans votre livre — il avait, au moment où il vous racontait tout cela, malgré toutes ses souffrances,* le visage d'un ange.

Oui, le visage d'un ange... Un visage avec un sourire totalement incompréhensible si on pensait à son histoire. Et c'est vrai qu'à la suite de cette rencontre, j'ai fait un rêve dans lequel il s'agit finalement de vivre l'ouverture du cœur qui est liée à la souffrance.

> *Si je me souviens bien de ce rêve, vous êtes entourée d'une famille vietnamienne, vous regardez la télévision ; soudain, à l'écran, apparaît un cœur et...*

... Le cœur se fendille et s'ouvre brutalement ; et il y a une onde de choc, et toutes les coupes de champagne se brisent !
J'ai compris ce rêve comme ceci : c'est au cœur de la souffrance qu'il peut y avoir une ouverture du cœur. Et cette ouverture du cœur peut avoir une force extraordinaire ! Je l'ai souvent rencontrée.

> *C'est une interprétation personnelle, mais je crois qu'on peut y reconnaître une tonalité jungienne*[15] *dans la mesure où vous êtes une analyste jungienne vous-même et que, pour vous, l'être humain est appelé à l'individuation, à sa propre réalisa-*

tion, donc à croître jusqu'au dernier moment.

Jusqu'au dernier sourire.
Le sourire du mourant.
Je pense en même temps à ce que vous a dit votre grand-mère — vous étiez près d'elle — au moment de quitter ce monde...

Oui. Elle a dit : « Ah ! la lumière ! c'était donc vrai ! » J'ai retrouvé un poème qu'elle a écrit au moment de la mort de Mistral[16], dont elle avait été l'amie.

Dans ce poème, elle parle justement de la mort comme de *la révélation d'une splendeur.*

J'ai été très émue en faisant le rapprochement entre ce poème, écrit à dix-huit ans, et les propos qu'il a prononcés au moment de sa mort : « Ah ! la lumière ! c'était donc vrai ! »

Je reviens à votre rêve. Donc, vous vous réveillez après avoir vu ce cœur se fendiller puis s'ouvrir comme éclate une grenade mûre ; et une phrase vous vient à l'esprit.

Vous vous souvenez de cette phrase ?

Non...

Moi, oui ; je n'ai aucun mérite : elle figure dans Les mourants sont nos maîtres [17].

C'est une phrase du prologue de Jean : « Et le Verbe s'est fait chair et il a habité parmi nous [18]. »

Oui, merci de me le rappeler ! *(Rires.)*

Sourire de l'accompagnant et sourire du mourant : est-ce que les soins palliatifs sont la panacée ?

Il ne faut pas les présenter comme ça ! Les soins palliatifs reflètent la volonté de mettre tout en œuvre pour soulager la souffrance de quelqu'un, pour l'accompagner en tant que *personne*, pour être présent afin de ne jamais le laisser seul (sauf s'il le souhaite).

Donc c'est essayer de mettre en œuvre tout ce qui est possible.

> *C'est une* technique *ou c'est un* esprit *?*

C'est un *esprit* qui a engendré une *technique*, bien sûr, mais c'est d'abord un *état d'esprit*. C'est vrai, vous avez raison de le souligner.

Parce que, si c'était seulement une *technique* de la douleur, ce serait considérer l'attention au mourant par le petit bout de la lorgnette. Parce que la douleur est aussi l'expression d'une souffrance plus globale. On dit : « J'ai mal », parce qu'on ne peut pas dire : « J'ai mal à la vie que je perds, j'ai mal à mes enfants que je laisse derrière moi… »

Donc, les vrais bons soins palliatifs sont des soins avec lesquels on essaie d'être vraiment à l'écoute de la globalité de la détresse de toute la personne.

> *Un reproche vous est souvent adressé :*
> « *Et la distance professionnelle, Marie de Hennezel, qu'en faites-vous ?* »

Qu'est-ce qu'on entend par *distance professionnelle* ? Bien sûr, un soignant, un médecin est là, avec sa compétence technique ; et il n'a pas à être en fusion avec le malade, ni avec sa famille.

Ce serait une confusion de penser que cela aiderait. La proximité n'est pas la fusion. La vraie, la bonne distance n'est pas une distance géographique, mais une distance par rapport à ses propres affects. Si je peux prendre un certain recul par rapport à mes propres émotions, à mes propres peurs, face à l'autre, à ce moment-là, je peux être proche de lui. Et l'aider.

> *C'est dur, quand on voit mourir une personne du même sexe et du même âge ?*

Ce n'est pas évident… Et c'est la raison pour laquelle les soins palliatifs constituent *aussi* un apprentissage et une technique, et qu'il est normal qu'une jeune infirmière soit débordée par les émotions. C'est tout à fait normal.

> *Vous pensez à Christine Malèvre[19] ?*

Je pense à elle, oui, et à beaucoup d'autres. Qu'elles soient débordées par les émotions est une chose, mais il faut les aider !

Le drame de Christine Malèvre, c'est le drame de la solitude. Je ne connais pas l'ensemble du dossier, mais ce qui m'a frappée dans cette rencontre d'une heure avec elle, c'est la solitude et le sentiment que, face à ses angoisses, elle n'avait pas d'interlocuteur ni de lieu pour exprimer ses doutes. C'est si important d'en parler !

Justement, on l'a considérée comme un ange, au départ ; et puis maintenant, c'est à peine si on ne la traite pas de serial killer…

Ce sont les retournements des médias et, je me répète, on ne connaît pas l'ensemble du dossier ; enfin, moi, je ne le connais pas. Donc, je me limite simplement à questionner la solitude à partir de la sienne, la solitude de beaucoup de soignantes face à la souffrance et à l'angoisse des malades.

Permettez-moi d'ajouter ceci : j'ai rencontré, il n'y a pas longtemps, une jeune élève infirmière qui s'est trouvée au chevet de quelqu'un qui allait mourir, et qui n'y était absolument pas préparée. Qu'elle soit paniquée, je le comprends ; mais cette expérience, si elle n'est pas reprise dans un groupe, si on ne l'aide pas à travailler sur ce qu'elle a ressenti, comment cette jeune infirmière pourra-t-elle faire mieux la fois prochaine ?

Il est nécessaire d'*accompagner les soignants aussi*, de les écouter et de les aider à travailler avec leurs propres vulnérabilités !

LE PARI

*Accueillir ces invités
qui ne savent pas partir*

EDMOND BLATTCHEN. —*Maintenant, Marie de Hennezel, ce n'est plus à l'ange — à l'Ange de la mort comme vous a surnommée* Libération *— que je m'adresse, mais à la voyante en vous ; et je vous demande : comment voyez-vous l'avenir ?*

MARIE DE HENNEZEL. — Je fais le pari que ce monde de *l'effectif,* dans lequel nous vivons, a atteint sa limite. On sait maintenant que c'est une direction déshumanisante.

Donc, j'espère qu'il va y avoir un retour, après *l'effectif,* de *l'affectif.* J'en fais le pari. Grâce au retour de l'affectivité, de l'affection, l'humanité sera capable d'aimer l'homme. D'être un ami pour l'homme. C'est la raison pour laquelle je m'intéresse beaucoup maintenant au travail d'accompagnement des parents qui attendent un enfant.

C'est tout à fait différent, cela ? !

C'est tout à fait différent, dans la mesure où il s'agit d'accueillir l'enfant avant même sa naissance.

Dès sa conception, il est « accompagné » lui aussi. Il est accueilli à la naissance comme un être humain qui, malgré les difficultés de la vie, sera capable d'accueillir les autres. Voilà, c'est ce pari de *l'accueil.*

Accueillir, faire en sorte que la personne que l'on voyait tout à l'heure sur l'image que vous aviez choisie ne soit plus seule avec son ombre...

Voilà. Qu'elle ait des amis autour d'elle ! J'ai progressivement pris conscience de ce sentiment : la principale difficulté qu'éprouve un être humain à l'heure de sa mort, c'est qu'il attend, avant de partir, un véritable geste d'accueil. Je crois que si une personne est bien accueillie dans la vie, à l'arrivée dans la vie, à la naissance, elle pourra quitter la vie plus facilement — c'est mon pari.

Parce qu'il y a dans la difficulté à mourir, dans la difficulté à se détacher de la vie *quelque chose que l'on cherche et que l'on n'a pas trouvé*. Certains le trouvent juste avant de mourir, quand ils sont bien accompagnés, mais beaucoup partent sans avoir fait cette expérience primordiale de *l'accueil*.

> *L'art du contact, de la relation, on l'appelle dans votre profession l'*haptonomie. *C'est une discipline que vous avez pratiquée avec les mourants.*
>
> *C'est de la même technique qu'il s'agit avec l'accueil du nouveau-né ?*

La technique n'est pas la même mais prend sa source à la même manière d'être : c'est une manière d'*être avec*. Bien sûr, on parle ici d'haptonomie *périnatale,* c'est-à-dire avant, pendant et après la naissance.

C'est d'ailleurs surtout dans ce domaine que l'haptonomie, cet art du contact, est connue.

Littéralement, que veut dire haptonomie ?

Haptô en grec veut dire « j'établis une relation ». Littéralement, l'haptonomie est la science des contacts ; il s'agit naturellement des contacts *affectifs.*

Avant de nous quitter, j'aimerais que nous parlions de celle qui a été votre grande initiatrice, Danièle, l'être humain qui vous a peut-être le plus appris.

Quelle a été sa dernière leçon, si je puis dire ?

Danièle était donc paralysée. Elle n'avait pas choisi ce qui lui arrivait, elle aurait pu vivre son destin dans la révolte, dans le refus ; or elle m'a donné une leçon de liberté.

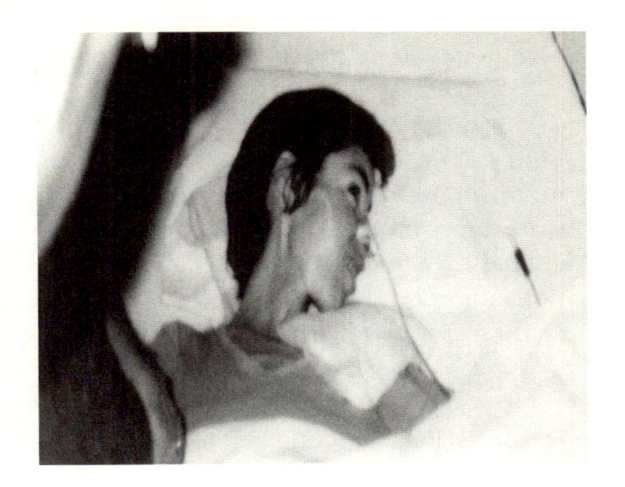

De liberté intérieure : elle a senti qu'elle pouvait être libre malgré le fait qu'il lui était imposé quelque chose qu'elle n'avait pas choisi. Et cette liberté intérieure lui a permis d'apprendre à *recevoir* alors qu'elle avait été toute sa vie quelqu'un qui avait *donné* aux autres.

C'était une maîtresse femme, n'est-ce pas ?

Apprendre à recevoir, apprendre à se laisser soigner, c'était pour elle une expérience de vie ; et elle le disait !

Comment le disait-elle ?

Elle le disait en tapant du seul doigt qui bougeait encore sur une pédale reliée à un ordinateur. Tous les jours, nous recevions ainsi un petit message qui témoignait de ce qu'elle vivait, et des questions qu'elle posait ou se posait.

Est-ce qu'elle vous a dit au revoir ?

D'une certaine façon oui, parce qu'un jour — trois jours avant sa mort — elle a écrit : « Je suis de ces invités qui ne savent pas partir… »
Après coup, nous nous sommes dit qu'au fond elle sentait sa mort toute proche, et cela a été sa façon de nous le dire, discrète, élégante.

Marie de Hennezel, si nous vous avons bien comprise, accompagner un mourant, c'est en fin de compte apprendre à l'aimer, apprendre à aimer.
Il est une phrase de Christian Bobin[20] que vous soumettez souvent à

la réflexion de vos auditeurs à la fin de vos conférences :

« Aimer, c'est prendre soin de la solitude de l'autre sans jamais prétendre la combler ni même la rencontrer. »

À nos lecteurs, à leur tour, de la méditer.

Notes
Bibliographie

Notes de l'éditeur

1. Le vingt-troisième numéro de la présente collection (*Si ma maison brûlait, j'emporterais le feu*, Alice Éditions).
2. Etty Hyllesum (1914-1943), juive néerlandaise progressiste, morte à Auschwitz avec toute sa famille. *Une vie bouleversée* (Paris, Seuil, 1985), son journal de captivité dans un camp des Pays-Bas, à Westerbork, témoigne d'une sprituralité authentique, faite de simplicité et de solidarité.
3. En sanscrit, syllabe sacrée utilisée dans l'hindouisme et dans le bouddhisme. Sa prononciation embrasse le divin sous toutes ses formes.
4. Stefan Zweig (1881-1942), voyageur, romancier, essayiste et biographe d'origine juive autrichienne, passionné par tout ce qui concerne la vie profonde (et d'abord les sentiments) de tous les autres hommes : il s'est inté-

ressé de façon presque professionnelle, à la fois comme historien et comme psychologue, à des milliers d'individus passés et contemporains, dont il essayait de comprendre la vie et l'œuvre par le dedans. *La pitié dangereuse* (*Ungeduld des Herzens*, 1938) raconte la mort d'une jeune fille invalide, qu'un homme décide d'aimer par pitié : lorsqu'elle comprend que ce n'est pas d'amour qu'elle est aimée, elle en meurt.

5. Louis-Vincent Thomas (1922-1994), philosophe et sociologue français, fut le premier anthropologue à étudier systématiquement les rites et savoirs liés à la mort depuis le Moyen Âge. On lui doit notamment une magistrale *Anthropologie de la mort* (Paris, Payot, 1975).

6. *À l'écoute du silence*, textes de Maurice Zundel (1897-1975) réunis par France du Guérand (Paris, Tequi, 1995).

7. 3.2 *Corinthiens*, 4.16.

8. On distingue avec raison *l'euthanasie active ou directe* de *l'euthanasie passive ou indirecte*. La première consiste à donner la mort à quelqu'un par injection ou potion mortelle. La seconde, par contre, entraîne le décès *indirectement*, par exemple lorsqu'on débranche un appareil qui maintient le patient artificiellement en vie ou qu'on met fin à son traitement.

9. On lira à ce sujet le témoignage poignant du Belge Jean-Marie Lorand, victime de la « S.L.A. » et qui est décédé dans la dignité à sa demande le 8 juillet 2000. Il a laissé deux livres, dans lesquels il raconte son calvaire et sa détermination à décider de son heure dernière : *Aidez-moi à mourir* (Bruxelles, Labor, 2000) et *Ma dernière liberté* (Bruxelles, Luc Pire, 2000).
10. Robert Badinter (né en 1928), avocat et homme politique français. Après avoir en effet été Garde des Sceaux (ministre de la Justice) de 1981 à 1986, il occupa, de 1986 à 1995, la présidence du Conseil constitutionnel. Il est considéré aujourd'hui comme une conscience et une référence, en matière éthique notamment.
11. Pour plus de détails sur la position de Robert Badinter, on se rapportera utilement aux pages 225 et 226 du livre de Marie de Hennezel *Nous ne nous sommes pas dit au revoir*.
12. *Cf. La règle de saint Benoît*, chapitre IV, 47 : « Avoir toujours devant les yeux la mort qui nous guette. »
13. Michel de M'Uzan, « Travail du trépas », *in De l'art à la mort*, Paris, Gallimard, 1977, pp. 182-199, cité par Marie de Hennezel, *La mort intime*, Paris, Robert Laffont, 1995.

14. Allusion aux bateaux de fortune sur lesquels des dizaines de milliers de réfugiés ont tenté de fuir le sous-continent indochinois communiste à la fin des années 1970 et au début des années 1980.
15. Carl Gustav Jung (1875-1961), psychologue et psychanalyste suisse, collaborateur de Sigmund Freud de 1907 à 1912, puis psychiatre à Bâle et à Zurich. À l'inconscient individuel de Freud, il ajouta l'*inconscient collectif*, qui contiendrait les thèmes psychiques communs à toute l'humanité : ces *archétypes* qu'on retrouve notamment dans les mythes, et qui continuent d'inspirer peuples et personnes.
16. Frédéric Mistral (1830-1914), poète français de langues occitane et française, auteur de *Mireille* (1859), *Les îles d'or* (1876), *Le trésor du félibrige* (1878), *Les Olivades* (1912), etc., rénovateur de la langue littéraire provençale.
17. « Les mourants sont nos maîtres », conférence de Marie de Hennezel enregistrée le 10 février 1993 (réalisation Philippe Derckel, Terre du Ciel Diffusion).
18. Le « Verbe » est la Sagesse de Dieu (*ʰHokmaah* en hébreu, *Sophia* en grec) des derniers livres de l'Ancien Testament. Elle est appelée *Logos*, « Mot, Parole, Raison, Science » dans

la fameuse première phrase de l'Évangile selon saint Jean (en grec) : *En archê ên ho Logos, cai ho Logos ên pros ton Théon, cai Théos ên ho Logos*. La traduction latine en est plus célèbre encore : *In principio erat verbum, et verbum erat apud deum, et deus erat verbum*. On traduit d'habitude en français : « Au commencement était le Verbe, et le Verbe était uni à Dieu — on préfère parfois aujourd'hui "tourné vers Dieu" — et le Verbe était Dieu. » Une meilleure traduction serait : « Au commencement était la Parole, et la Parole était à Dieu, et Dieu était la Parole. »
Tout l'Évangile de Jean vise à montrer que Jésus est la Parole de Dieu, Fils de Dieu et Dieu lui-même : *Cai ho Logos sarx égénéto cai escênôsen en êmin, cai éthéasamétha tên doxan autou, doxan hôs Monogenous para Patros, plêrês charitos cai alêthéias* ; en latin : *et verbum caro factum est...*, soit « Et la Parole s'est faite chair (s'est incarnée en un homme : Jésus) et elle a planté sa tente parmi nous, et nous avons vu sa gloire, celle du Fils unique du Père, plein de grâce et de vérité » (Jean 1, 14).

19. La justice française jugera prochainement cette jeune infirmière de l'hôpital de Mantes-la-Jolie (Yvelines) qui a reconnu avoir pratiqué des actes d'euthanasie sur plusieurs patients en fin

de vie et qui a été écrouée pour ces faits en juillet 1998. Libérée jusqu'à son procès, elle a raconté ce qui l'a poussée à « franchir la frontière » dans un ouvrage très controversé (*Mes aveux*, Paris, Fixot, 1999).
20. Christian Bobin (né en 1951), écrivain et poète français. ses principaux ouvrages ont été publiés chez Gallimard. Il a reçu en 1993 le Grand Prix catholique de Littérature pour *Le Très-Bas*, un hommage poétique à saint François d'Assise.

Bibliographie de Marie de Hennezel

La mort intime, Paris, Robert Laffont, coll. « Aider la vie », 1995 ; rééd. Paris, Pocket, 1995.

L'urgence d'aimer, Nil-Saint-Vincent, Claire-Vision, 1997 (épuisé).

Nous ne nous sommes pas dit au revoir, Paris, Robert Laffont, coll. « Aider la vie », 2000.

TRADUCTION

La dernière leçon, Mitch Albom, Paris, Robert Laffont, coll. « Aider la vie », 1998 ; rééd. Paris, Pocket, 2000.

EN COLLABORATION

L'amour ultime, avec Johanne de Montigny, Paris, Hatier, 1991 (épuisé) ; rééd. Paris, Le Livre de Poche, 1993.

La fin de la vie, qui en décide ?, Paris, Presses Universitaires de France, coll. « Forum Diderot », 1996.

L'art de mourir, avec Jean-Yves Leloup, Paris, Robert Laffont, coll. « Aider la vie », 1997 ; rééd. Paris, Pocket, 1997.

Enregistrements sur Marie de Hennezel

Marie de Hennezel, un regard ouvert, par Jean-Jacques Roudière, Présence, Image et Son, Benaix, France.

Marie de Hennezel, entretien avec Edmond Blattchen, émission *noms de dieux* du 9 février 2001, Radio Télévision belge. Disponible à la Médiathèque de la Communauté française de Belgique, réf. 5680.

Cet ouvrage, le vingt-septième de la collection
« L'intégrale des entretiens NOMS DE DIEUX
d'Edmond Blattchen », a été composé en New
Baskerville corps onze et achevé d'imprimer
le dix septembre deux mille un chez Bietlot à
Gilly, Belgique, sur papier Meije bouffant
90 g pour le compte de Alice Éditions,
Michel de Grand Ry, éditeur.